A Dorling Kindersley Book
Conceived, edited and designed by DK Direct Limited

À l'attention des parents

Cet album guide les enfants dans le monde mystérieux des insectes. Il explore avec eux l'intérieur d'une chenille, leur explique comment un phasme pond ses œufs, et les emmène au plafond pour regarder marcher les mouches. Un livre à partager avec votre enfant, pour le plaisir de découvrir ensemble.

Titre original : What's Inside ? Insects

D 1993/0074/125 ISBN 2-8041-1818-5
Exclusivité en France : **Gamma Jeunesse**, Paris
D 1993/0195/100 ISBN 2-7130-1508-1
Exclusivité au Canada : **École Active**, Montréal
Dépôts légaux 3e trimestre 1993
Bibliothèque nationale du Québec
Bibliothèque nationale du Canada
ISBN 2-89069-420-8

Imprimé en Italie

QU'Y A-T-IL À L'INTÉRIEUR ?

LES INSECTES

De Boeck - Gamma Jeunesse - École Active

LE COLÉOPTÈRE

Parmi les coléoptères, voici un charançon. Il a un « museau » assez drôle. Avec les mâchoires qui se trouvent au bout, il découpe les plantes qu'il mange.

Le coléoptère est un insecte. Son corps, comme celui de tous les insectes, est divisé en trois parties : la tête à l'avant, le thorax au milieu, puis l'abdomen.

Sous la carapace, le corps du coléoptère est mou. Le sang circule dans tout l'organisme : il lui transmet la nourriture dont il a besoin et emporte les déchets.

Voici le « cerveau ».

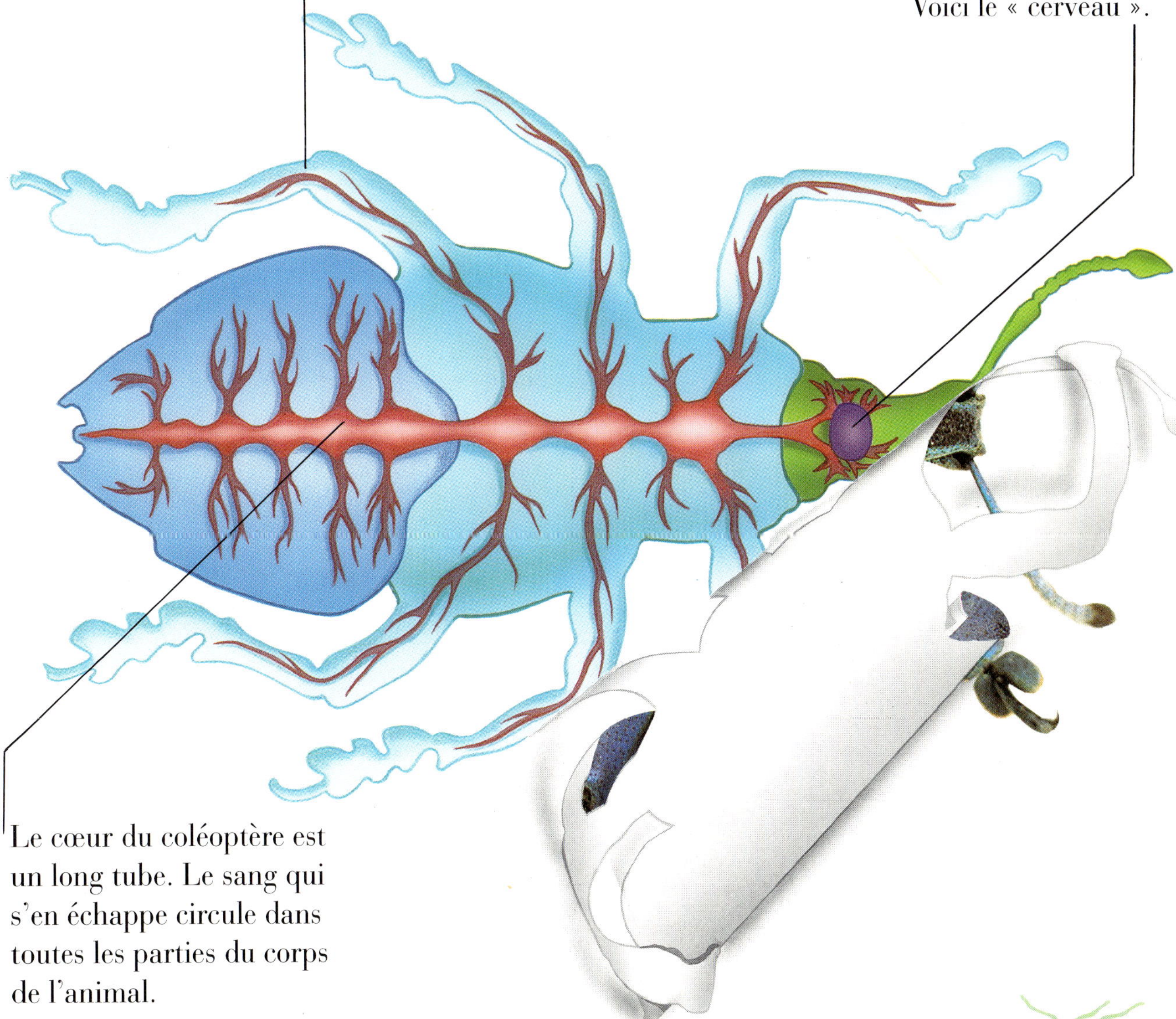

Le cœur du coléoptère est un long tube. Le sang qui s'en échappe circule dans toutes les parties du corps de l'animal.

L'ABEILLE

Cette abeille vit dans une ruche avec des milliers d'autres abeilles. Pour se nourrir, elle butine le pollen et le nectar des fleurs. Elle stocke ces aliments à l'intérieur de la ruche où elle transforme le nectar en miel.

Un corps rayé de jaune et de noir avertit les oiseaux et les autres ennemis que l'abeille est armée d'un dard empoisonné.

Elle aspire le nectar sucré avec sa longue trompe.

Le corps de l'abeille est poilu. Quand elle se glisse à l'intérieur d'une fleur, le pollen se dépose sur les poils.

À l'intérieur de la ruche, les abeilles ont construit de petites alvéoles où elles conservent le miel et le pollen.

Le poison du dard est fabriqué ici. C'est ce poison qui rend la piqûre de l'abeille douloureuse.

Voici le jabot, dans lequel l'abeille emmagasine le nectar avant de le ramener à la ruche.

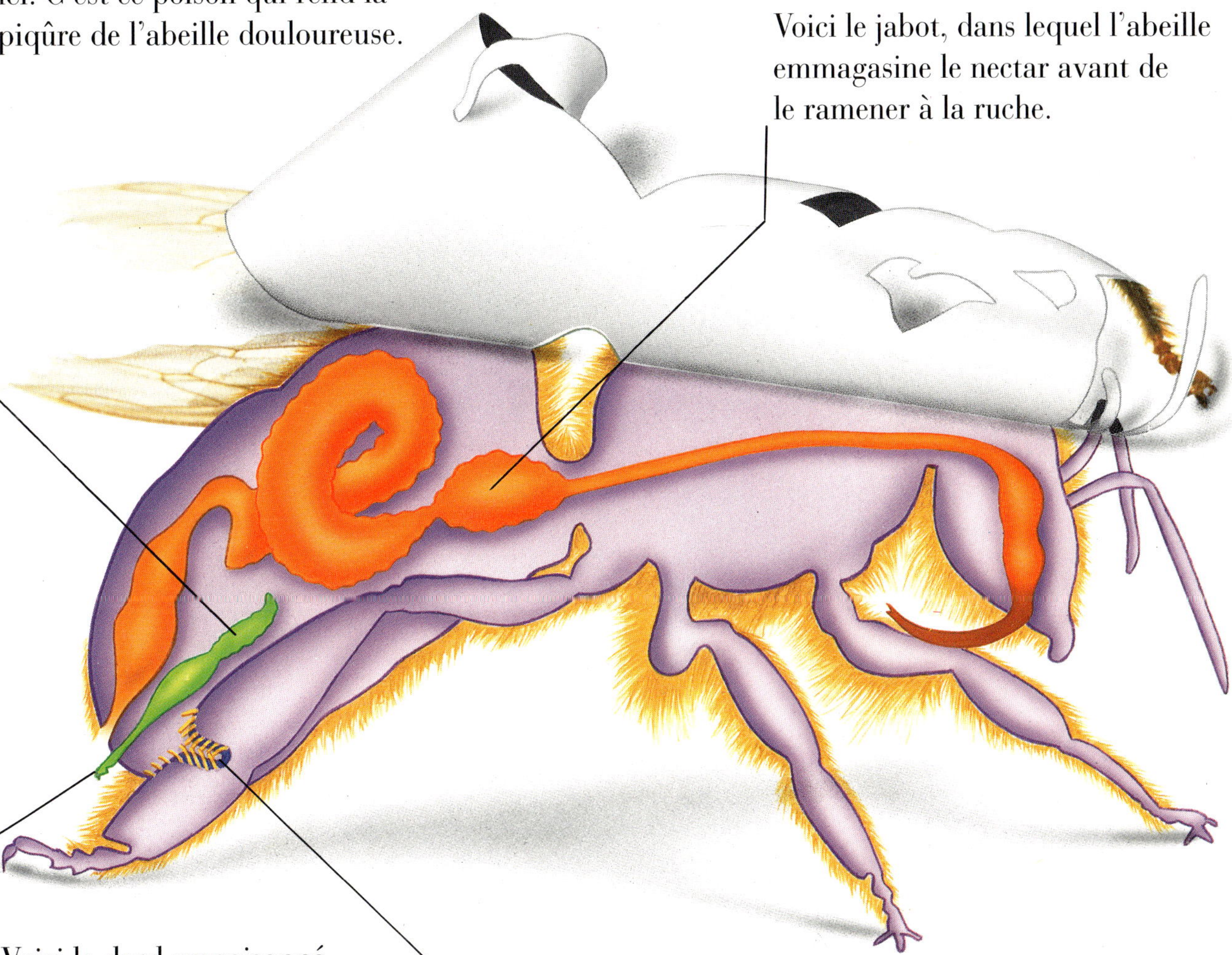

Voici le dard empoisonné. L'abeille ne pique qu'une seule fois, car elle meurt aussitôt après.

L'abeille utilise les poils de ses pattes arrière pour diriger le pollen dans cette poche.

LA CHENILLE

Comme tous les insectes, la chenille sort d'abord d'un œuf. Elle vit ensuite sur des feuilles où elle passe le plus clair de son temps à grignoter. Elle grandit rapidement et se métamorphose bientôt en papillon.

La chenille respire par ces petits trous.

La peau de la chenille devient vite trop étroite pour son corps qui grandit. Une nouvelle peau, plus grande, se forme d'abord sous l'ancienne. Puis celle-ci se déchire : la chenille se glisse alors à l'extérieur et abandonne la vieille enveloppe.

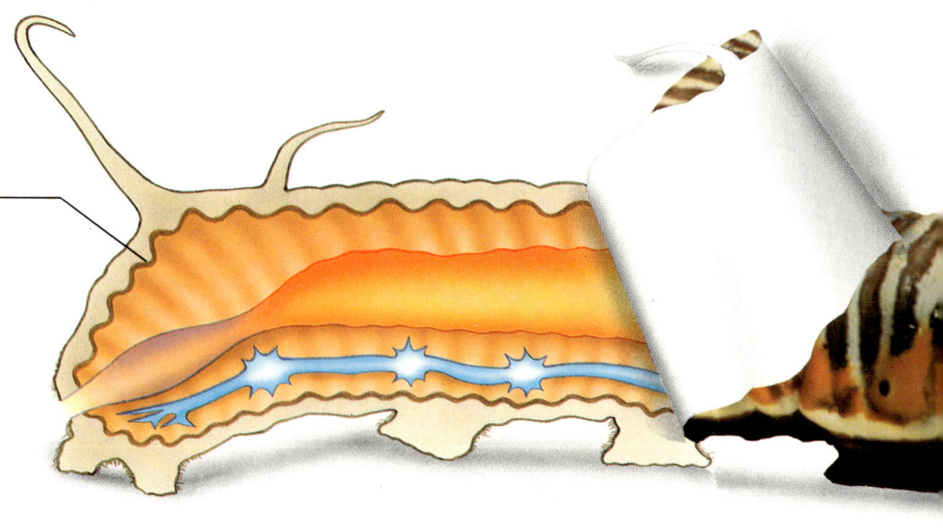

Les oiseaux ne mangeront pas cette chenille. À cause de ses couleurs brillantes et de ses tentacules, ils croient qu'elle est empoisonnée.

La chenille tient sa nourriture dans ses trois paires de pattes avant. Avec les autres pattes, elle marche et s'accroche aux feuilles.

Voici le tube digestif. Il est très gros parce que la chenille mange beaucoup.

Les nerfs partent d'ici et s'étendent dans tout le corps. Grâce à eux, la chenille peut « sentir » ce qui l'entoure.

LA MOUCHE

As-tu déjà rêvé de marcher au plafond comme une mouche ? Pour y arriver, il faudrait que tu aies comme elle des pattes collantes. Beaucoup de gens tuent les mouches parce qu'elles transmettent des microbes.

Les mouches prennent souvent des bains de soleil pour garder leur chaleur. Ces poils garnis de soies maintiennent la température de leur corps.

Les yeux de la mouche sont composés de centaines de minuscules facettes.

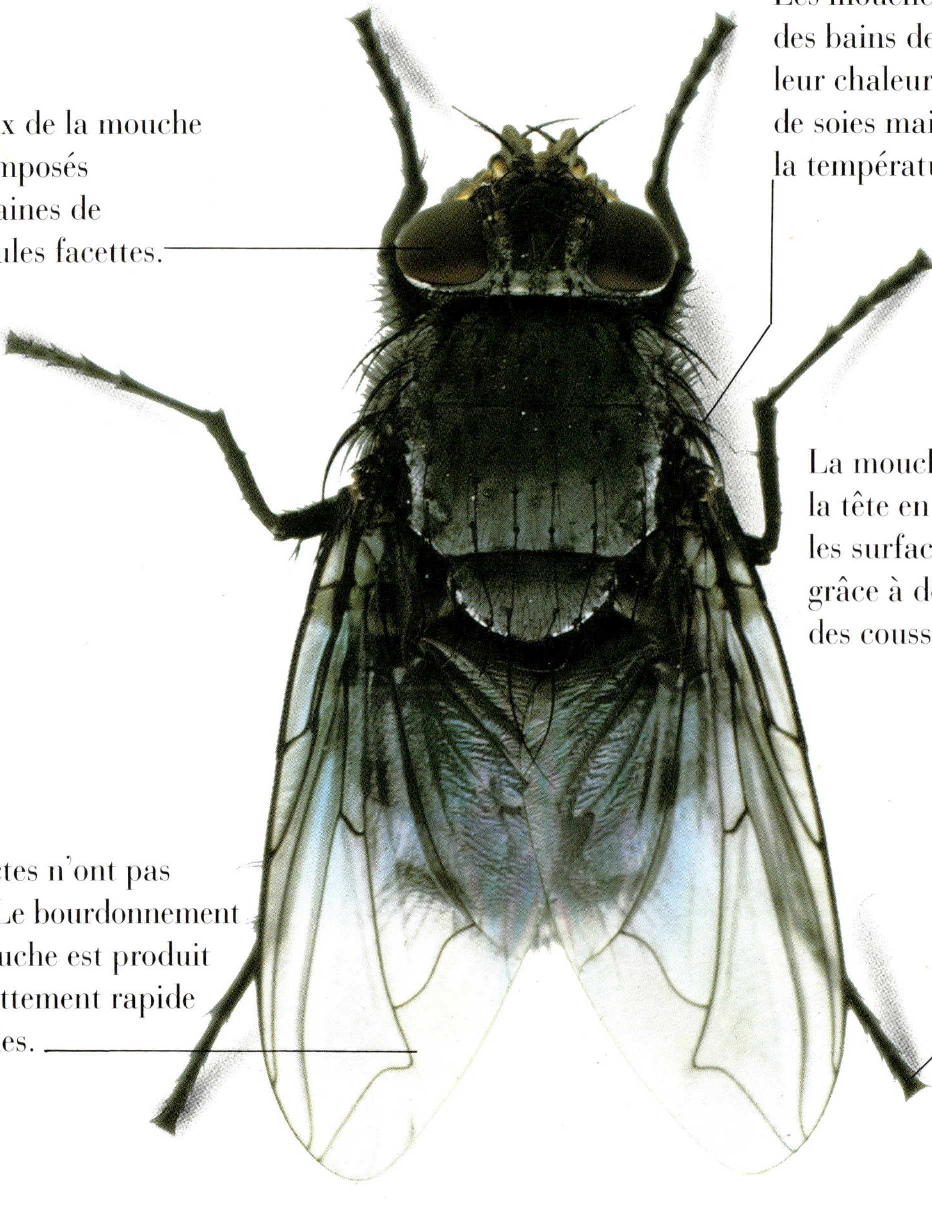

La mouche peut marcher la tête en bas et sur les surfaces les plus lisses grâce à des griffes et à des coussinets collants.

Les insectes n'ont pas de voix. Le bourdonnement de la mouche est produit par le battement rapide de ses ailes.

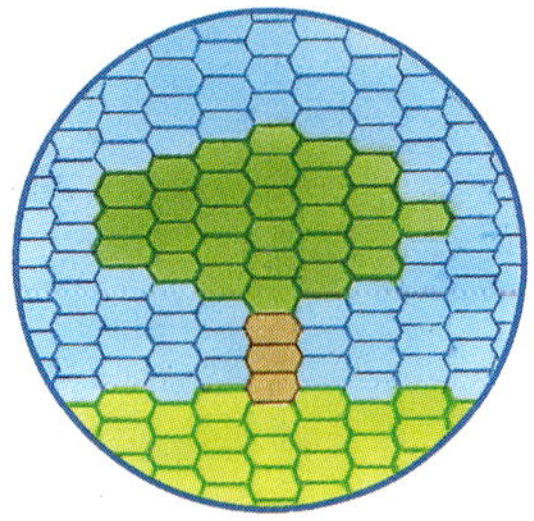

Ce que la mouche regarde lui apparaît décomposé en centaines de petits éclats, comme une mosaïque.

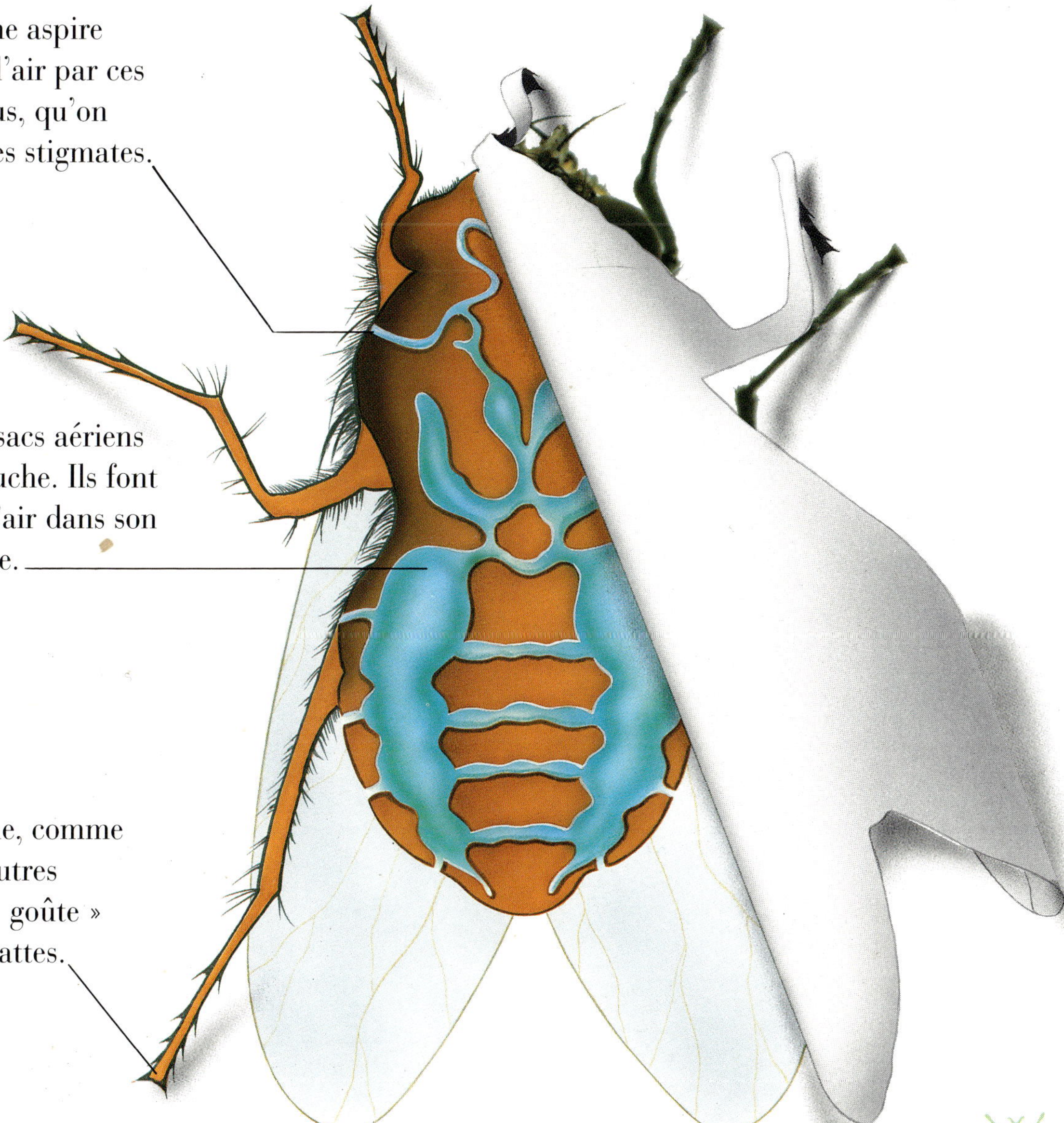

La mouche aspire et rejette l'air par ces petits trous, qu'on appelle des stigmates.

Voici les sacs aériens de la mouche. Ils font circuler l'air dans son organisme.

La mouche, comme certains autres insectes, « goûte » avec ses pattes.

LA SAUTERELLE

Cette sauterelle vit dans des endroits sauvages, couverts d'herbe. Elle sort le soir pour se nourrir de plantes. Au moindre danger, elle s'enfuit en bondissant.

Cette sauterelle est verte, comme l'herbe. Elle est presque invisible aux yeux des oiseaux qui voudraient la manger.

Avec ses longues antennes, la sauterelle « sent » et « touche » ce qui l'entoure.

Elle s'appuie sur ses longues pattes arrière pour bondir très haut.

Les sauterelles ont une « oreille » sur chaque patte avant.

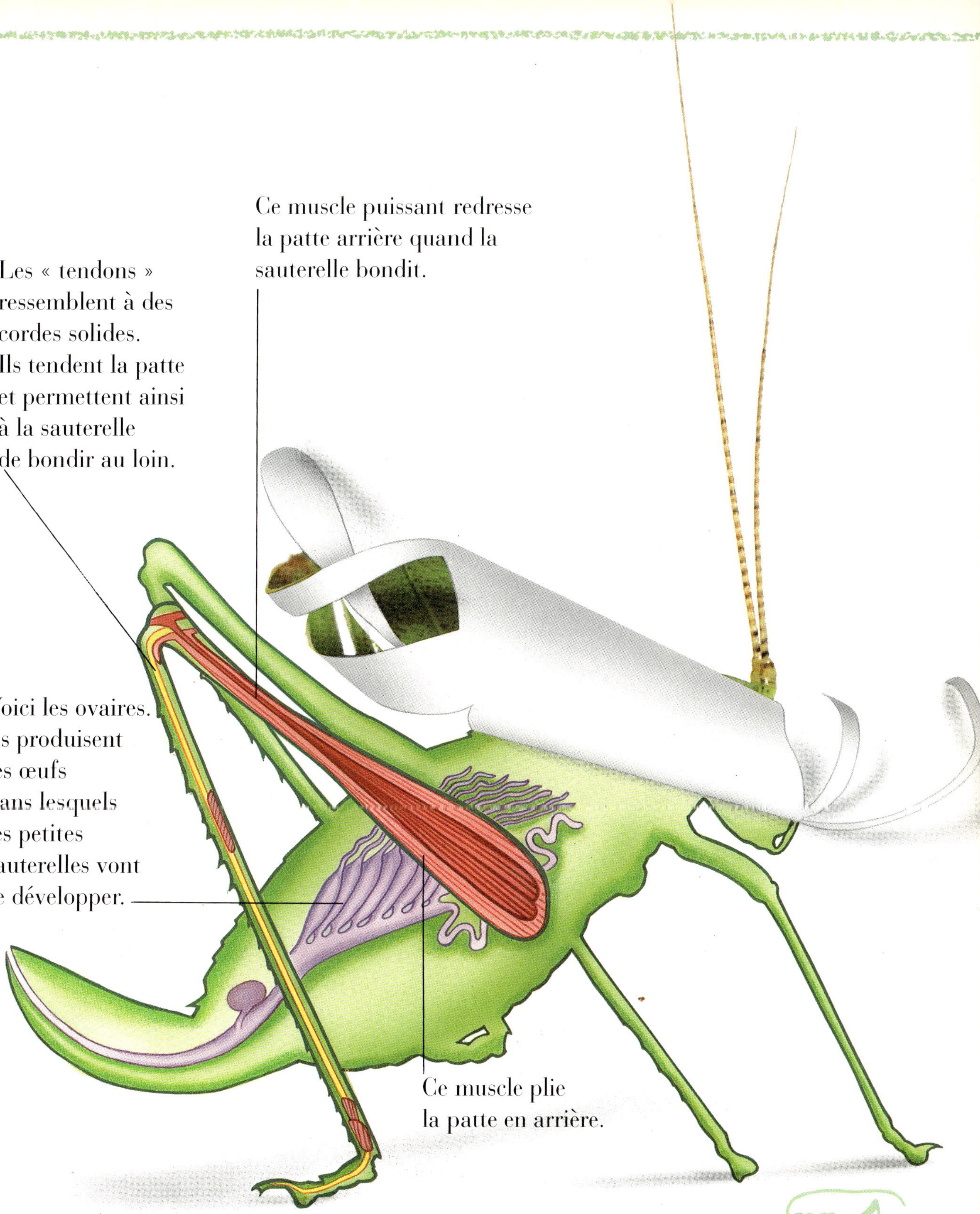
Ce muscle puissant redresse
la patte arrière quand la
sauterelle bondit.
Les « tendons »
ressemblent à des
cordes solides.
Ils tendent la patte
et permettent ainsi
à la sauterelle
de bondir au loin.
Voici les ovaires.
Ils produisent
les œufs
dans lesquels
les petites
sauterelles vont
se développer.
Ce muscle plie
la patte en arrière.

LA COCCINELLE

Les coccinelles sont des coléoptères. Elles vivent dans les forêts, les champs, les parcs et les jardins. Les jardiniers les aiment beaucoup parce qu'elles mangent les pucerons qui s'attaquent aux fleurs et aux légumes.

Toutes les coccinelles n'ont pas des taches noires. Certaines sont rayées!

Ces couleurs éclatantes préviennent les oiseaux et tous les animaux qui voudraient manger les coccinelles qu'elles ont un très mauvais goût.

La carapace est en fait une paire d'ailes repliées qui forment un bouclier solide pour protéger la coccinelle.

Quand une coccinelle s'envole, les ailes dures s'écartent pour libérer les autres, plus légères. Elles ne battent pas, mais permettent à la coccinelle de s'élever dans les airs.

Sous la carapace rouge, le corps de la coccinelle est parcouru de nerfs grâce auxquels elle peut « sentir » ce qui l'entoure.

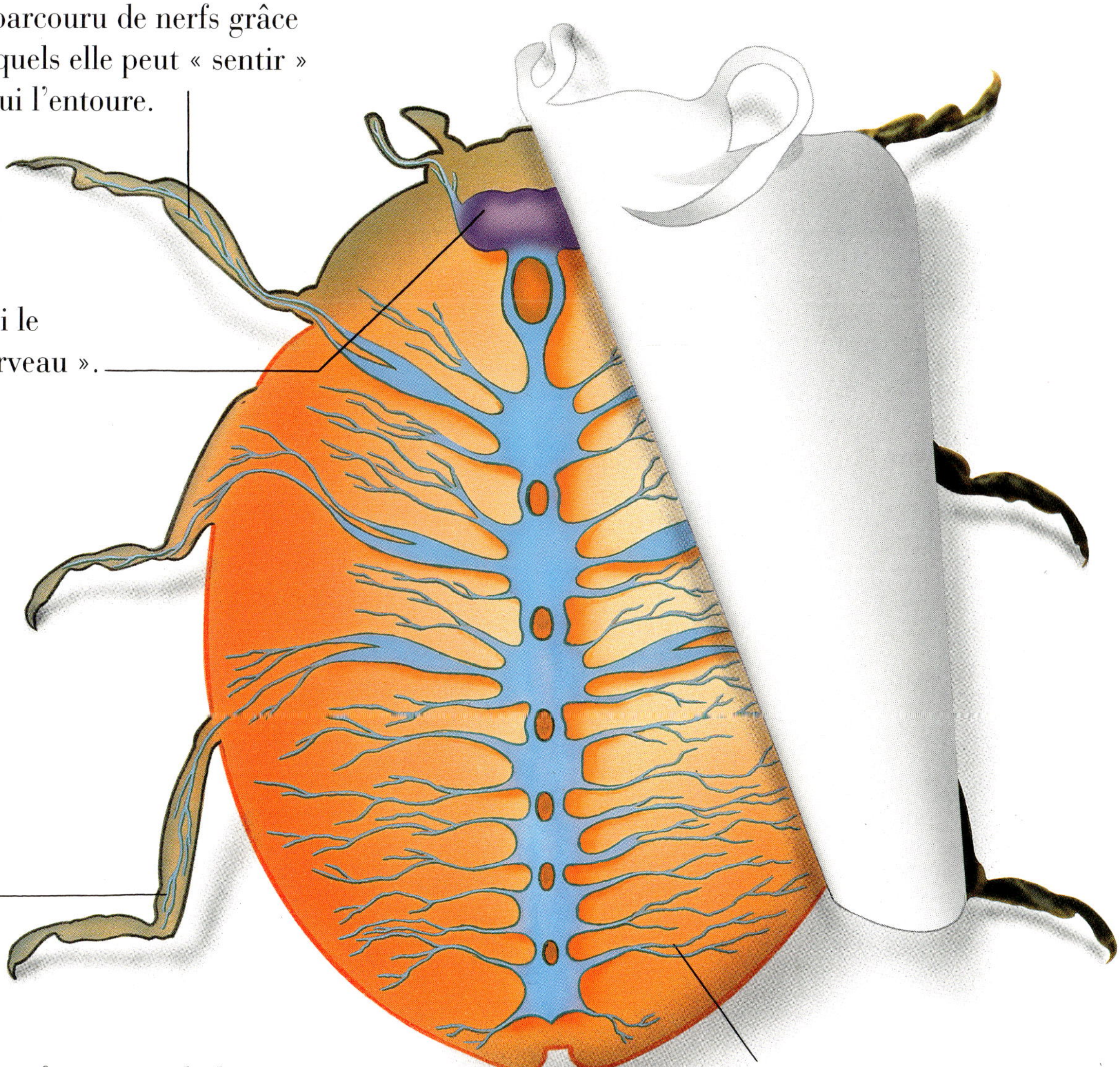

Voici le « cerveau ».

Les nerfs courent du bout des pattes jusqu'à l'extrémité des antennes.

Les nerfs ressemblent à des fils de téléphone. Ils transmettent des messages à toutes les parties de l'organisme.

LE PAPILLON

Ce papillon est un machaon. Il vole de fleur en fleur, butinant leur nectar. Les couleurs vives de ses ailes attirent l'attention des oiseaux, qui y plantent le bec plutôt que dans le corps ou la tête de l'insecte.

Pour se nourrir, le papillon déroule sa longue trompe et l'utilise comme une paille pour aspirer le nectar sucré des fleurs.

Les papillons « goûtent » avec leurs pattes.

Quand le papillon se repose, il replie ses ailes sur son dos.

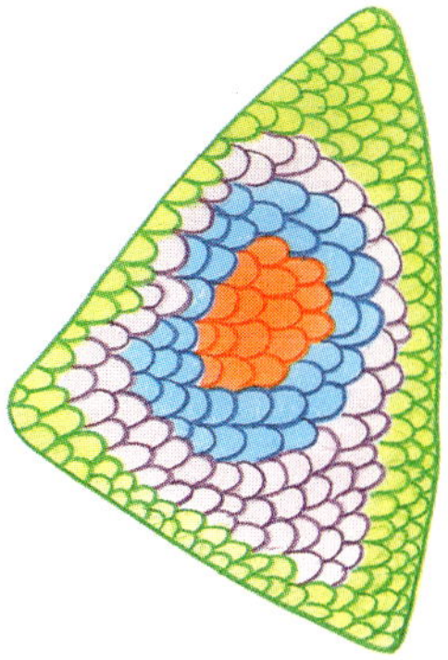

Si tu regardes les ailes d'un papillon à la loupe, tu verras qu'elles sont couvertes de minuscules écailles qui se chevauchent comme les tuiles d'un toit.

Le papillon détecte l'odeur des fleurs grâce à ses antennes.

Comme des baleines de parapluie, ces supports maintiennent les ailes droites.

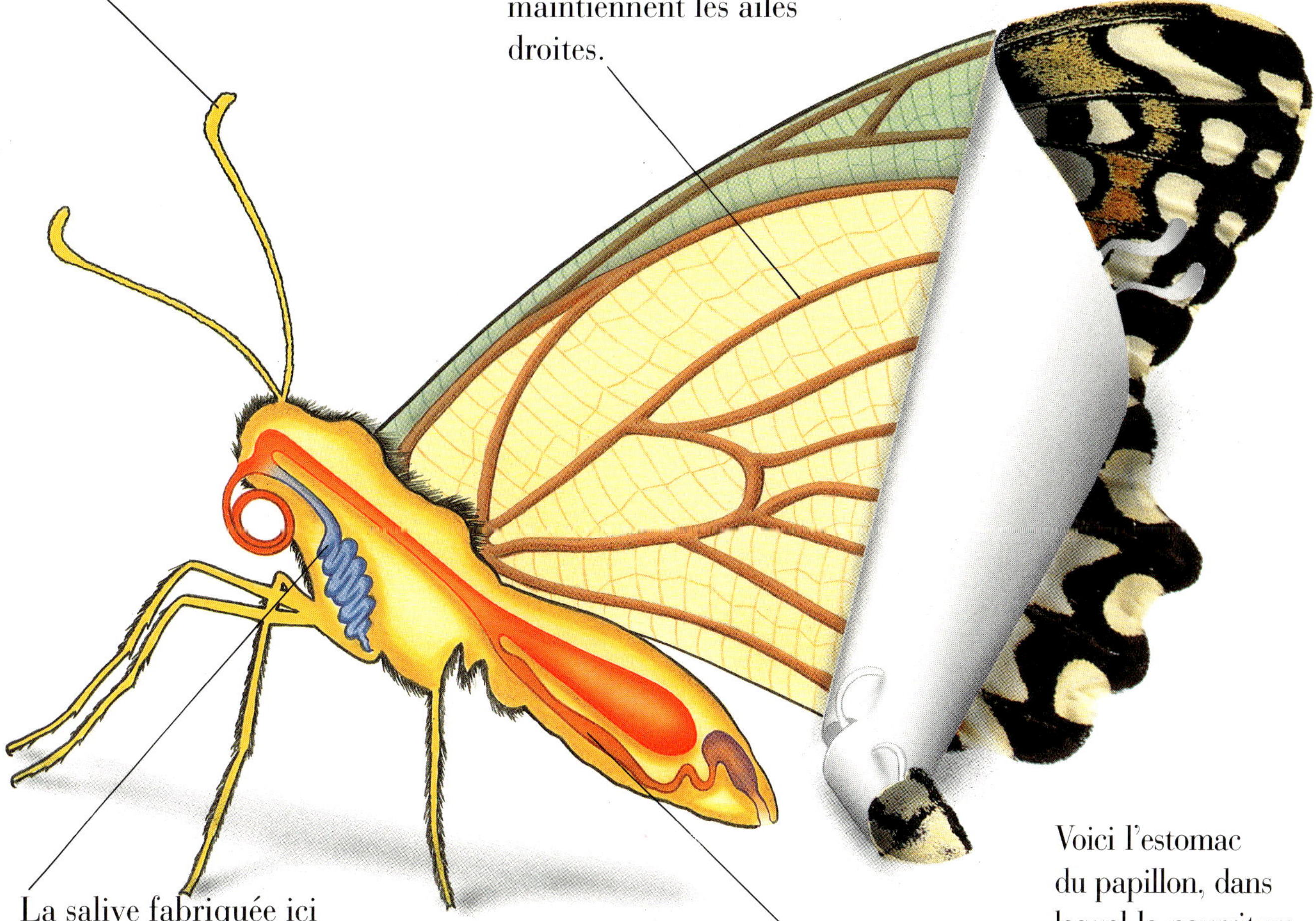

Voici l'estomac du papillon, dans lequel la nourriture est digérée.

La salive fabriquée ici se mélange à la nourriture qui devient ainsi plus facile à avaler.

LE PHASME

Posé sur une branche, ce petit insecte passe pour une feuille morte. Comme il ne peut fuir le danger en s'envolant, il doit se cacher aux yeux de ses ennemis, les oiseaux et les lézards. Il se déplace lentement, en se balançant, et ressemble tout à fait à une feuille agitée par le vent.

Le phasme enroule l'extrémité de son corps pour qu'elle ressemble à la dangereuse queue d'un scorpion.

La piqûre d'une de ces épines pointues peut être douloureuse.

Regarde comme le corps de cette femelle est gros ! Elle aura besoin de toute sa force pour pondre des œufs.

Le phasme a la couleur des feuilles mortes.

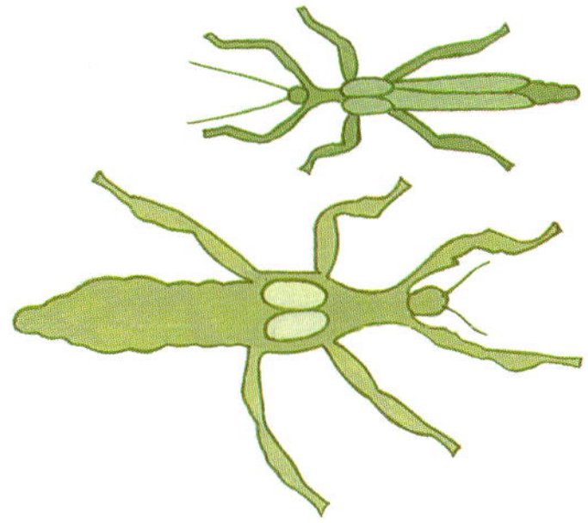

La femelle du phasme est beaucoup plus grosse que le mâle.

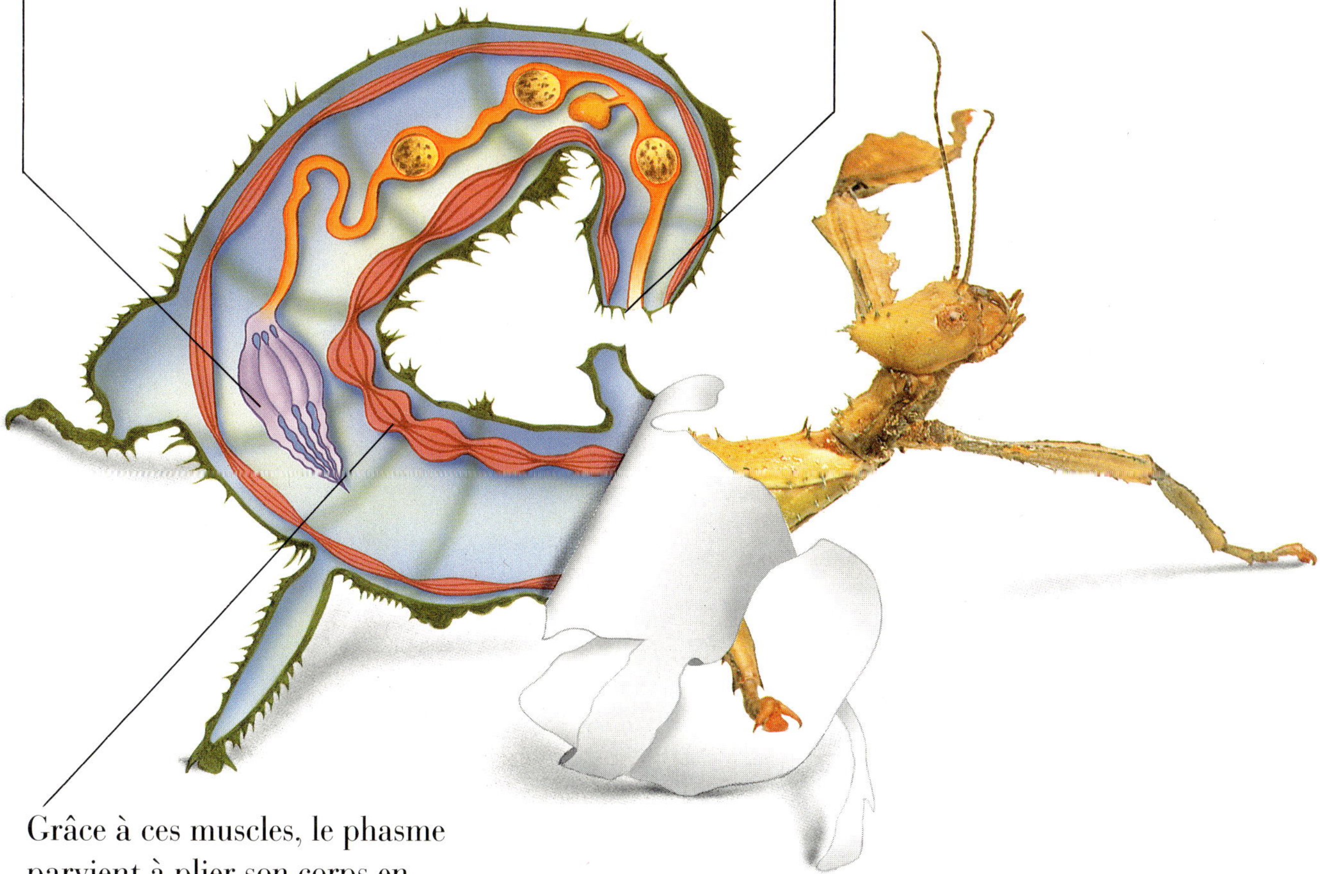